LA
TUTELLE DES MINEURS

D'APRÈS LA CONVENTION DE LA HAYE
DU 12 JUIN 1902

PAR

RENÉ JAPIOT

PROFESSEUR AGRÉGÉ A LA FACULTÉ DE DROIT DE CAEN

Extrait de la *Revue de droit international privé
et de droit pénal international*, 1911, n° 3; 1912, n° 2

LIBRAIRIE
DE LA SOCIÉTÉ DU
RECUEIL SIREY
22, rue Soufflot, PARIS, 5° arrd¹
L. LAROSE & L. TENIN, Directeurs

1912

LA
TUTELLE DES MINEURS
D'APRÈS LA CONVENTION DE LA HAYE
DU 12 JUIN 1902

IMPRIMERIE
CONTANT-LAGUERRE

BAR-LE-DUC

LA
TUTELLE DES MINEURS

D'APRÈS LA CONVENTION DE LA HAYE

DU 12 JUIN 1902

PAR

RENÉ JAPIOT

PROFESSEUR AGRÉGÉ A LA FACULTÉ DE DROIT DE CAEN

Extrait de la *Revue de droit international privé
et de droit pénal international*, 1911, n° 3; 1912, n° 2

LIBRAIRIE

DE LA SOCIÉTÉ DU

RECUEIL SIREY

22, rue Soufflot, PARIS, 5° arrd¹

L. LAROSE & L. TENIN, Directeurs

1912

LA
TUTELLE DES MINEURS
D'APRÈS LA CONVENTION DE LA HAYE DU 12 JUIN 1902

Par René JAPIOT.

Professeur agrégé à la Faculté de Droit de Caen.

INTRODUCTION

I. Origine et fréquence des conflits de lois en matière de tutelle ; insuffisance des solutions fournies par le principe qui soumet la tutelle à la loi nationale du mineur. — II. Traité franco-suisse de 1869. — III. Préparation et conclusion de la Convention de La Haye. — IV. Appréciation générale ; domaine encore ouvert à l'application des principes du droit international ; division et plan.

I. — Les législations des différents États n'adoptent pas toutes une réglementation identique en ce qui concerne la tutelle des mineurs ; bien loin de là : les divergences, au contraire, sont nombreuses. Et l'on conçoit que les conflits de lois, en cette matière, aient été fréquents en pratique.

C'est ce que nous pouvons préciser, pour fixer les idées, au moyen d'un exemple emprunté à la question de la délation de la tutelle. La tutelle d'un mineur s'est ouverte dans des conditions telles que, si l'on s'en réfère à la loi nationale du mineur, il y a lieu de nommer un tuteur suivant les règles de la délation testamentaire de la tutelle. On a, en fait, observé cette loi, et l'on a investi des fonctions de tuteur telle personne qui était désignée par le testament du dernier mourant des père et mère du mineur. Mais, en conflit avec cette personne, une autre se présente, dont la nationalité n'est pas la même que celle du mineur ; elle prétend avoir droit à la qualité de tutrice ; elle allègue, en effet, que sa loi nationale, à elle, prétendue tutrice, décide qu'il n'y a pas à mettre en jeu, en l'espèce, la tutelle testamentaire, mais au contraire la tutelle légale et démontre que sa loi nationale, dans les circonstances en présence desquelles on se trouve, lui confère à elle-même la qualité de tutrice légale. On doit alors se demander s'il faut appliquer la loi nationale du mineur ou la loi nationale du tuteur [1].

Les questions de ce genre se présentaient si souvent en pratique que la théorie de la tutelle occupait une place importante dans le domaine du droit international privé.

L'accord s'était à peu près établi, sans trop de peine, sur le principe de solution qu'il fallait adopter.

La tutelle est essentiellement une institution protectrice de l'incapable : elle concerne évidemment l'état et la capacité de la personne. Quel que fût le système de solution des conflits de lois que l'on admît, on avait promptement reconnu que la tutelle rentrait en principe dans le statut personnel du mineur. Quant à savoir quel était ce statut personnel du mineur, il ne se trouvait plus guère d'auteurs, en définitive, pour soutenir que ce fût la loi du domicile : en tant que principe au moins, on décidait que c'était la loi nationale. Au point de vue français, aucun doute ne pouvait subsister sur ce dernier point, l'article 3 de notre Code civil disposant que « les lois concernant l'état et la capacité des personnes régissent les Français, même résidant en pays étranger ». Par conséquent, la tutelle du mineur est régie, en principe, par la loi nationale de celui-ci.

Mais l'adoption de ce principe n'écarte pas toutes les difficultés.

Son domaine d'application, en effet, n'est pas illimité : on ne peut pas poser en règle absolue que toutes les questions touchant, de près ou de loin, à la matière de la tutelle, doivent être résolues suivant la loi nationale du mineur, indistinctement et sans aucune exception. Il est des cas où l'on peut se demander si une autre loi ne serait pas mieux qualifiée : par exemple, en matière d'excuses de tutelle, ne faut-il pas plutôt appliquer la loi nationale, non pas du mineur, mais du tuteur lui-même? On

---

(1) On peut comparer l'hypothèse à laquelle se réfère l'arrêt de Cass. 13 janvier 1873, D. 1873. 1. 297, souvent citée par les auteurs et notamment par MM. Surville et Arthuys (*Cours élémentaire de droit international privé*, p. 398).

peut douter aussi que la loi nationale du mineur s'applique, et surtout s'applique à l'exclusion de toute autre loi, à une vente d'immeuble faite pour le compte de ce mineur; on concevrait que la loi locale fût applicable à cette vente : elle pourrait en déterminer les formes, en vertu de la règle *locus regit actum*, ou bien en fixer les conditions de publicité, comme *lex rei sitae*, parce que la publicité doit être régie par la loi d'organisation foncière du lieu où se trouve l'immeuble.

La doctrine et la jurisprudence étaient restées fort hésitantes sur bien des points, et, si l'accord n'était pas absolu à l'intérieur de chaque État, à plus forte raison les solutions étaient-elles différentes suivant les pays [1].

II. — Aussi a-t-on aperçu sans peine que cette question de la tutelle était de celles qu'il importait de résoudre nettement par des accords diplomatiques.

En ce qui concerne la France, une convention avait été passée en 1828 avec la Suisse, qui fut ensuite remplacée par le traité franco-suisse du 15 juin 1869. Ce traité franco-suisse avait pour objet principal la compétence judiciaire et l'exécution des jugements en matière civile; il ne contenait, au sujet de la tutelle, qu'un texte assez bref, incident en quelque sorte, parmi d'autres dispositions relatives à des matières différentes. Mais, ce qu'il importe de remarquer, c'est que, dans ce traité, à côté du principe général de l'application de la loi nationale du mineur, se dessine la préoccupation de certaines difficultés, qui ne sont plus tout à fait de droit, mais de fait : on y voit apparaître ce qu'on peut appeler le recours subsidiaire à la loi locale.

Ce dernier point demande une brève explication. Lorsqu'on a posé le principe de l'application de la loi nationale du mineur, on a déjà écarté beaucoup de difficultés juridiques, mais on n'a formulé qu'une règle de droit; et, par suite de circonstances de fait particulières, cette règle de droit ne produira pas nécessairement les résultats utiles qu'on en pouvait espérer. Il ne suffit pas toujours de s'en remettre à la loi nationale du mineur, car l'application de cette loi n'aura pas lieu toujours avec assez de

(1) Rapp., par exemple, Weiss, *Traité théorique et pratique de dr. int. pr.*, t. III, pp. 337 et s.; Pillet, *Principes de dr. int. pr.*, pp. 344 à 346; et les décisions rapportées dans le *J. d. dr. int. pr.*, 1895, p. 171, et 1896, pp. 675 et 683.

promptitude. Les autorités nationales, c'est-à-dire les autorités de l'État dont le mineur est le ressortissant en vertu de sa nationalité, ne se trouvent pas sur place, et leur intervention peut se faire attendre. La loi nationale peut être insuffisante, ou bien son application peut être empêchée par des obstacles de fait. Et pourtant il se peut que des mesures urgentes demandent à être prises sans retard, pour assurer le soin de la personne ou la conservation des biens du mineur. Pour tous ces motifs, il faut admettre subsidiairement — en dépit des principes du droit international privé, envisagé d'un point de vue purement scientifique — le recours aux autorités et à la loi locales, dont l'intervention pourra toujours s'exercer utilement. C'est ce que décidait le traité franco-suisse de 1869, en matière de mesures conservatoires, et nous verrons qu'il contenait ainsi le germe d'une institution destinée à acquérir par la suite une certaine ampleur[1].

Mais ce traité n'était qu'un incident particulier des relations de deux pays : un accord au sujet de la tutelle s'imposait d'une façon générale.

III. — L'Institut de droit international n'avait pas manqué de se rendre compte de cette nécessité, et nous devons spécialement rappeler ici les recherches, aussi importantes qu'utiles, auxquelles il s'était livré. Après de longues études, il était parvenu

---

[1] Ce traité franco-suisse a été promulgué par décret du 15 juin 1869 (*Bull. des lois*, 11ᵉ Sér., B. 1758, n° 17264). Le seul texte qui se réfère à proprement parler à la tutelle est l'article 10, et l'article 11 indique seulement qu'en cas d'inobservation des règles de compétence juridictionnelle posées par l'article 10 et les articles précédents, le tribunal irrégulièrement saisi devra se déclarer d'office incompétent. L'article 10, qui énonce la règle et formule dans sa disposition finale la réserve que nous avons indiquée, est ainsi conçu : « *La tutelle des mineurs* et interdits *français résidant en Suisse sera réglée par la loi française* et réciproquement *la tutelle des mineurs* et interdits *suisses résidant en France sera régie par la législation de leur canton d'origine*. En conséquence, les contestations auxquelles l'établissement de la tutelle et l'administration de leur fortune pourront donner lieu seront portées devant l'autorité compétente de leur pays d'origine, *sans préjudice, toutefois*, des lois qui régissent les immeubles et *des mesures conservatoires que les juges du lieu de la résidence pourront ordonner* ». — En matière de compétence, on peut encore signaler la convention franco-belge du 8 juillet 1899, aux termes de laquelle « toutes les contestations relatives à la tutelle des mineurs ou des interdits seront portées devant le juge du lieu où la tutelle s'est ouverte ».

à rédiger, dans sa session de Hambourg, en 1891, un projet très complet de règlement international sur la tutelle des mineurs étrangers. Il maintenait le principe de la prépondérance de la loi nationale, dont il précisait certaines applications. Il prévoyait, en outre, d'une manière assez explicite, le cas où l'application de la loi ou l'action des autorités nationales du mineur, dans son pays, serait insuffisante : il faisait alors intervenir, soit l'agent diplomatique ou consulaire accrédité dans le lieu de la résidence du mineur par l'État dont ce mineur est le ressortissant, soit même les autorités locales ou la loi locale [1].

Ces projets, qui restaient encore dans le domaine des vœux et de la spéculation théorique, n'allaient pas tarder à recevoir une consécration effective.

Grâce aux efforts persistants d'un membre de l'Institut de droit international, M. Asser, et à l'heureuse initiative du gouvernement-néerlandais, une vaste entreprise de codification du droit international privé devait bientôt commencer. Parmi les projets immédiatement étudiés par les trois premières Conférences de La Haye (1893, 1894, 1900), il en est un qui se réfère à la tutelle des mineurs. Il faut ici en mentionner encore un autre, plus récent, qui tranche, suivant des règles analogues, les questions relatives à la tutelle des majeurs, interdiction et autres mesures voisines telles que la dation de conseil judiciaire. Mais, après avoir fait ce rapprochement pour indiquer la place que le texte concernant la tutelle des mineurs occupe dans l'œuvre de La Haye, c'est à lui que nous devons nous attacher maintenant.

Le projet présenté sur la tutelle des mineurs fut discuté principalement au cours des réunions de 1894 et de 1900 [2].

---

(1) V. notamment la *Rev. de dr. intern. et de lég. comp.*, 1891, p. 515 et l'*Ann. de l'Inst. de dr. intern.*, t. XI, p. 104. — Pour la comparaison des textes arrêtés par l'Institut de droit international et par la Conférence, v. Lehr, *Rev. de dr. intern. et de lég. comp.*, 1894, p. 640 et 1902, p. 388 et s.

(2) Le 16 décembre 1892, le gouvernement des Pays-Bas invitait les diverses nations européennes à rechercher en commun les moyens de préparer une entente sur différentes matières de droit international privé; il joignait à son invitation un programme où la tutelle était visée sous le titre V des droits de famille, mais les travaux se limitèrent aux quatre points suivants : mariage, communication d'actes judiciaires ou extrajudiciaires, commissions rogatoires, successions. Lors de la deuxième Conférence des 25 juin-13 juillet 1894, le titre II du pro-

Il fut converti, le 12 juin 1902, en un traité formel, qui fut signé par la plupart des puissances représentées [1]; les non-signataires pouvaient y adhérer sous certaines conditions, et l'échange des ratifications devait avoir lieu dès que la majorité des signataires serait en mesure d'y procéder [2]. C'est maintenant un fait accompli, et, en ce qui concerne la France, cette Convention a reçu force obligatoire à la suite d'une loi du 16 avril 1904 [3], en vertu d'un décret du 17 juin de la même année [4]. Elle n'a été conclue que pour 5 ans, sauf renouvellement tacite [5].

gramme visait la tutelle et l'interdiction ; le protocole final du 13 juillet de la même année comprenait déjà 8 articles sur la tutelle (V. notamment : *Actes de la Conférence de La Haye chargée de réglementer diverses matières de droit international privé*, p. 11 ; *Actes de la 2ᵉ Conférence de La Haye pour le droit international privé*, p. 19, 92 à 94, 111, 114, et le protocole final, dans la pagination spéciale, p. 3 ; Lainé, dans le *J. de dr. int. pr.*, 1894, p. 480). — C'est la troisième Conférence, des 29 mai-19 juin 1900, qui aboutit à la rédaction des 13 articles constituant le projet de Convention destinée à régler « les conflits de lois et de juridictions relativement à la tutelle des mineurs » (V. les *Actes de la 3ᵉ Conférence* et les *Documents relatifs à la 3ᵉ Conférence*, *passim*).

(1) Allemagne, Autriche-Hongrie, Belgique, Espagne, France, Italie, duché de Luxembourg, Pays-Bas, Portugal, Roumanie, Suède et Suisse.

(2) Articles 10 et 11 de la Convention.

(3) Cette loi « portant approbation » de la Convention, autorise le Président de la République française à ratifier la Convention ; elle a été promulguée par un décret du 16 avril 1904, inséré au *Journal officiel* du 21 avril, p. 2457.

(4) Sept États contractants ont déposé leur ratification au ministère royal des Affaires étrangères, à La Haye, le 1ᵉʳ juin 1904. Ce sont : l'Allemagne, la Belgique, la France, le Luxembourg, les Pays-Bas, la Roumanie, la Suède. — Le décret du 17 juin 1904 porte que « le Sénat et la Chambre ayant approuvé la Convention... et les ratifications ayant été déposées par les États ci-dessus indiqués, ladite Convention recevra sa pleine et entière exécution en ce qui concerne ces États » (*Journ. off.* du 26 juin 1904, p. 3706, et non pas p. 3806 comme l'indique par erreur la table de *l'Officiel*). Il ne s'agit donc pas d'un simple engagement, pris par chacun de ces États, de mettre ses propres lois en concordance avec les dispositions de la Convention : il s'agit d'une véritable loi que les tribunaux doivent appliquer et interpréter, même en tant qu'elle dérogerait directement ou indirectement aux dispositions internes antérieures de droit international privé. — L'Espagne a ratifié ensuite, le 30 juin, la Convention relative à la tutelle des mineurs ; un avis inséré au *Journal officiel* (21 juillet 1904, p. 4549) fait connaître que cette ratification a été notifiée à la France et que, « en conséquence, ladite Convention produira son effet à l'égard de l'Espagne ».

(5) Article 13 de la Convention. — V. le texte dans la *Revue de dr. int.*

IV. — Il y a là, sans aucun doute, un accord international dont on ne saurait trop se féliciter. Il s'inspire de deux idées, qui semblent mériter et obtenir l'approbation unanime. Il s'inspire, d'une part, de cette considération que la matière de la tutelle est, au premier chef, une matière de statut personnel, intéressant la loi nationale du mineur. Il s'inspire, d'autre part, de vues très élevées, qui viennent heureusement tempérer les résultats fâcheux, auxquels aurait pu conduire une application trop exclusive de la loi nationale du mineur, — de ce sentiment, très humain, que tout État a des devoirs de protection même envers les incapables étrangers, lorsque ceux-ci se trouvent sur son territoire, et qu'il doit, le cas échéant, suppléer à l'insuffisance de la protection accordée au mineur par l'État dont ce mineur est le ressortissant.

Mais il ne faut pas se faire illusion sur les conséquences de ce traité : il ne faut pas croire qu'il écarte toutes les difficultés, que peut soulever la tutelle des mineurs en droit international privé, même au point de vue français, auquel nous nous placerons d'une façon plus particulière ; et c'est ce que nous devons indiquer brièvement, pour terminer ce préambule, en montrant que le domaine d'application de la Convention de La Haye est assez limité et que son interprétation peut prêter à discussion.

D'abord, son domaine d'application est assez limité : pour qu'un État soit tenu d'observer les règles de la Convention, il ne suffit pas, en principe, qu'il y ait adhéré. Son adhésion l'engage bien à observer quelques règles relatives aux mesures urgentes de protection ou d'information, prévues par l'acte international, dès que le mineur réside sur son territoire ; mais, pour que les règles s'appliquent dans leur intégralité, il faut, — d'après le texte assez rigoureux de l'article 9, tel qu'il a été rédigé finalement, — que deux conditions soient réunies : le mineur doit appartenir par sa nationalité à l'un des États contractants, et il doit, en outre, avoir sa résidence habituelle sur le territoire de l'un de ces États [1].

<hr>

privé, 1905, p. 215 ; cf. L. Renault, *Les Conventions de La Haye* (1896 et 1902) ; rapp., du même auteur, *Le droit international privé et la Conférence de La Haye,* dans les *Ann. de l'École libre des sciences politiques,* 15 mai 1894 ; *Rev. de dr. intern. et de lég. comp.,* 1894, p. 349 et 1902, p. 485 s.

(1) Nous avons indiqué ici les conditions d'application de la Convention, dès le début de cette étude, parce que ce plan est conforme à la méthode d'un exposé

En second lieu, si l'on suppose que ces conditions soient réunies et que la Convention de La Haye doive s'appliquer dans toutes ses dispositions(1), toutes les difficultés ne seront pas encore écartées. Même lorsqu'un point de droit semble définitivement

doctrinal. Mais l'article 9, dont nous donnons ainsi le commentaire, se présente, dans la Convention, comme une conclusion, et il a été discuté, en fait, en dernier lieu. C'est que les conditions d'application dépendaient, par la nature même des choses, des mesures adoptées par la Conférence; ces conditions d'application se trouvaient donc réglées, pour chaque article, par le contenu même de l'article: et la disposition finale de l'article 9 n'avait plus, dès lors, d'importance réelle quant au fond; il s'agissait seulement de résumer dans une formule claire les conséquences résultant des divers articles précédents.

Cette observation permet de comprendre la marche suivie dans l'élaboration de l'article 9. Il n'y avait aucune disposition générale de ce genre dans le projet de programme, parce que la sphère d'application de la Convention résultait de son contenu même. On proposa, cependant, d'ajouter un article final ainsi conçu: « La présente Convention ne s'applique qu'à la tutelle des mineurs ressortissants d'un des États contractants, qui ont leur résidence habituelle sur le territoire d'un de ces États ». C'était dépasser le but: car il était excessif d'exiger la résidence habituelle pour les mesures urgentes et d'information que doivent prendre les autorités locales; les uns proposèrent donc de supprimer le mot « habituelle » et de se contenter d'une résidence quelconque; les autres désiraient même supprimer toute condition de résidence de façon que la Convention pût être appliquée au mineur ressortissant de l'un des États contractants, pour les biens qu'il possède dans un autre des États contractants, ce mineur eût-il sa résidence sur le territoire d'un État non contractant. Cette dernière opinion fut d'abord adoptée par la Conférence, qui vota un texte ainsi conçu: « La présente Convention ne s'applique qu'à la tutelle des mineurs ressortissants d'un des États contractants ». Seulement, ce texte avait un double défaut. Il était inutile, plus que tout autre, en tant que formule limitative: car il était évident que la Convention ne pouvait pas s'appliquer aux sujets de pays tiers. Il était inexact, en tant qu'il étendait l'application de la Convention tout entière à tous les mineurs ressortissants des États contractants, sans aucune condition de résidence: la seule disposition susceptible de s'appliquer ainsi indépendamment de la résidence du mineur, c'était celle qui prescrivait à l'autorité locale de prendre les mesures urgentes relatives aux biens: les autres dispositions supposaient essentiellement, tantôt qu'il s'agissait du pays où se trouve le mineur (pour les mesures d'information ou de protection de la personne), tantôt même qu'il s'agissait du pays où le mineur a sa résidence habituelle. Aussi a-t-on arrêté définitivement la formule que nous avons expliquée au texte: « La présente Convention ne s'applique qu'à la tutelle des mineurs ressortissants d'un des États contractants, qui ont leur résidence habituelle sur le territoire d'un de ces États. — Toutefois, les articles 7 et 8 s'appliquent à tous les mineurs ressortissants d'un des États contractants » (V. notamment les *Actes de la 3ᵉ Conférence*, p. 136).

(1) Il convient de rappeler ici que la Convention, d'après son article 10, « ne s'applique qu'aux territoires européens des États contractants ».

tranché par une doctrine unanime, l'accord est difficile à établir en fait, quand il s'agit d'obtenir l'adhésion positive des États représentés dans une Conférence internationale; les signataires de la Convention ont donc dû se borner à constater, par des formules très prudentes, l'accord réalisé sur certains points particuliers : de ces formules, sans doute, l'interprète pourra déduire les conséquences logiques; mais il devra se garder d'en étendre la portée, en se laissant entraîner par la tendance naturelle qui le conduirait à perfectionner et à rendre plus complète l'œuvre de la Conférence, malgré la volonté des rédacteurs du traité. D'ailleurs, le texte ne prévoit pas toutes les questions qui peuvent se poser en pratique; ou bien, s'il les prévoit, il ne leur donne pas toujours une solution explicite et claire : et les principes du droit international privé pourront être utiles à consulter.

C'est ce dont nous allons nous rendre compte en examinant les détails du sujet.

Nos explications se grouperont autour de trois points essentiels.

En matière d'ouverture et d'organisation générale de la tutelle, nous trouvons d'abord une règle de principe, un régime normal, qu'on peut appeler le régime de l'intervention nationale : c'est par l'étude de ce régime ordinaire qu'il convient naturellement de commencer.

Puis, nous trouvons un régime exceptionnel, un régime subsidiaire, qui s'applique seulement à défaut du régime normal : c'est le régime de l'intervention locale, dont nous aurons à exposer, en second lieu, les conditions et le fonctionnement.

Enfin, nous envisagerons quelques difficultés d'application, qui se sont révélées en pratique, relativement au fonctionnement de la tutelle ainsi organisée.

I

LE RÉGIME NORMAL DE L'INTERVENTION NATIONALE

I. Application de la loi nationale; observations relatives à la délation de la tutelle et à la nomination du tuteur. — II. Mesures destinées à provoquer l'intervention des autorités nationales.

Le principe général, en ce qui concerne la solution des conflits de lois, est conforme aux traditions du droit international privé; il est ainsi formulé par l'article 1ᵉʳ de la Convention : « La tutelle d'un mineur est réglée par sa loi nationale ».

Nous n'avons pas à revenir sur sa justification [1] ; il reste seulement à préciser son rôle et ses conditions de mise en œuvre pratique.

I. — La loi nationale du mineur déterminera naturellement, avant tout, *les conditions d'ouverture de la tutelle* [2]. Cela va de soi : on ne voit pas pourquoi une loi étrangère établirait, à l'égard d'un individu, une protection tutélaire qui est jugée inutile par la loi nationale de celui-ci, mieux qualifiée pour apprécier ses besoins, ses capacités, ou les dangers que son âge peut lui faire courir; inversement, peut-on dire en principe, la loi locale ne saurait le priver d'une protection tutélaire, lorsque celle-ci est accordée par la loi nationale; et l'on n'a guère pu formuler d'objection sur ce point.

Mais les différentes solutions que nous venons de rappeler ne doivent s'appliquer, nous semble-t-il, en vertu de la Convention de La Haye, qu'en ce qui concerne strictement l'existence même de la tutelle. On pourrait être tenté, si l'on s'attachait à l'idée sur laquelle repose la solution de l'article 1ᵉʳ, de donner à ce texte une portée considérable. L'ouverture d'une tutelle ne comporte pas seu-

---

(1) Il n'y aurait lieu de recourir à la loi *du domicile* du mineur que dans le cas où plusieurs lois nationales justifieraient leur empire sur les diverses parties du territoire de l'État dont le mineur est le ressortissant : on n'apporterait pas alors une exception au principe de l'article 1ᵉʳ : la notion du domicile n'interviendrait que pour préciser la loi nationale visée par cet article (V. Olivi, *Quelques réflexions sur les dernières conventions de La Haye concernant le mariage et la tutelle*, dans la *Rev. de dr. intern. et de lég. comp.*, 1904, p. 51).

(2) La plupart des applications générales, que nous allons indiquer, étaient visées expressément par le projet de l'Institut de droit international : « La loi nationale du mineur... détermine l'ouverture et la fin de la tutelle, son mode de délation, d'organisation et de contrôle, les attributions et la compétence du tuteur ». La Conférence de La Haye a supprimé cette énumération, tout en la jugeant exacte, parce qu'elle l'a considérée comme inutile. Elle n'a conservé que la disposition relative à l'ouverture et à la fin de la tutelle : « Dans tous les cas, la tutelle s'ouvre et prend fin aux époques et pour les causes déterminées par la loi nationale du mineur » (art. 5). En ce qui concerne l'ouverture de la tutelle, l'article 5 complète l'article 1ᵉʳ; en ce qui concerne la fin de la tutelle, il n'y a pas lieu d'insister sur ce texte dans le présent chapitre, où nous étudions le régime normal : mais nous le retrouverons, lorsque nous examinerons le régime subsidiaire de la compétence locale (V. notamment *Actes de la 2ᵉ Conférence*, p. 114 ; *infrà*, II, § ɪɪɪ).

lement la désignation d'une personne qui prend en main la défense des intérêts de l'incapable : elle implique aussi, pour constituer une protection sérieuse, la nullité des actes que l'incapable passerait sans l'intermédiaire ou sans l'assistance du tuteur. Or, toute nullité est dangereuse pour d'autres intérêts, qui demanderaient une reconnaissance, aussi large que possible, de la validité de l'acte [1], et cette constatation a conduit, dans le domaine du droit international privé, à limiter, par des dispositions internes de droit international ou par des théories jurisprudentielles prétoriennes, la nullité, prononcée par la loi de l'incapable, des actes passés par un incapable étranger sur le territoire national ou avec des nationaux [2]. On pourrait croire que l'article 1er de la Convention de La Haye écarte l'application de ces lois de droit international ou doit mettre fin à ces jurisprudences, puisqu'il fait appel au principe de la compétence exclusive de la loi personnelle et soumet exclusivement la protection de l'incapable à la loi nationale de celui-ci [3]. Ce serait là une interprétation

(1) Voy. pour le développement de cette idée au point de vue du droit interne, notre étude *Des nullités en matière d'actes juridiques*, Paris, 1909, notamment p. 176, 639 et 937.

(2) On connaît, par exemple, la solution donnée par l'article 7 de la loi d'introduction au Code civil allemand : *Nimmt ein Ausländer im Inland ein Rechtsgeschäft vor, für das er geschäftsunfähig oder in der geschäftsfähigkeit beschränkt ist, so gilt er für dieses Rechtsgeschäft insoweit als Geschäftsfähig, als er nach den deutschen Gesetzen geschäftsfähig sein würde;* et l'on sait que les diverses jurisprudences, favorables à leurs nationaux, ont souvent admis la validité des actes passés en dépit de l'incapacité édictée par la loi personnelle de l'incapable étranger, en appliquant, au profit du co-contractant qui ignorait cette incapacité, la loi nationale de ce co-contractant, en vertu de la théorie de l'intérêt du national lésé, et même en dehors de l'hypothèse où l'étranger avait dissimulé frauduleusement l'incapacité résultant de la loi étrangère. Mais ce sont là des tendances qui ne peuvent guère être défendues (V. notamment Bartin, *Études de droit international privé*, p. 30 et 195 ; Weiss, *Traité théorique et pratique de droit international privé*, t. IV, p. 324 et s.; Pillet, *Principes de droit international privé*, p. 338 ; Surville et Arthuys, *op. cit.*, p. 206 ; — V. cep. la solution contraire encore soutenue, quoique avec certaines réserves, dans la dernière édition du *Cours de droit civil français* de MM. Aubry et Rau, t. I, p. 143, 145, 147 et s.; et le raisonnement curieux à l'aide duquel M. Rolin essaie de justifier une solution analogue dans la matière particulière de la lésion des sept douzièmes, *Principes de droit international privé*, t. III, p. 209).

(3) Il pourrait même paraître, à première vue, qu'un passage du rapport de M. de Villers soit favorable à cette idée : « Si l'on admet que l'institution de la tutelle a pour unique raison d'être la protection due à l'incapable et la néces-

satisfaisante par ses résultats, parce qu'elle serait de nature à faire cesser un désaccord engendré par des considérations assez mesquines, et à assurer le règne des véritables principes du droit international; cette interprétation large pourrait également se défendre dans son procédé même, puisqu'elle ramène au droit commun de la compétence de la loi personnelle.

L'article 1er ne nous paraît pas, pourtant, susceptible d'être entendu de cette façon : c'est que, autre chose est la tutelle, visée par le texte, et autre chose la question de validité des actes passés par le pupille. Sans doute, ces deux questions sont intimement liées, et il serait assez conforme aux principes ordinaires d'interprétation des lois ou des contrats de donner au texte ce sens large. Toutefois, en étendant ainsi l'article 1er pour l'adapter aux besoins reconnus, on commettrait déjà, peut-être, un abus analogue à celui qu'on reproche à certaines méthodes modernes, suivant lesquelles on pourrait plier une loi ancienne aux exigences pratiques nouvelles, en tenant compte de la formule de la loi et non pas de l'intention certaine du législateur [1]. Et surtout, il ne faut pas oublier une constatation que nous avons faite au commencement de cette étude [2] : on ne doit pas se laisser entraîner par cette idée que les Conventions de La Haye constituent une codification du droit international privé; ce ne sont que les résultats fragmentaires de tentatives de codification, donnant une valeur internationale aux seules règles particulières sur lesquelles l'accord a pu s'établir.

Dans ces conditions, on peut même se demander si la méthode d'interprétation de ces conventions doit être analogue à celle qui se recommande pour les lois internes et les contrats privés : on peut interpréter largement les lois internes et les contrats privés, parce qu'il existe, avant ces lois ou contrats et au-dessus d'eux, des principes de droit interne, auxquels le législateur ou les contractants ont dû se référer; au contraire, les principes du droit international sont trop contestés, lorsque les

---

sité d'une pareille protection, il est évident que la question de savoir quand et jusqu'à quel âge cette protection est nécessaire doit trouver sa réponse dans les dispositions de la loi du pays auquel cet incapable appartient, vu que sa capacité ou son incapacité, quant aux actes de la vie civile, est régie et déterminée par cette loi » (*Actes de la 2e Conférence*, p. 111).

(1) V. notamment Gény, *Méthodes d'interprétation et sources*, p. 228 et s.

(2) V. *suprà*, introduction, § IV.

représentants des États tentent de les faire passer dans une convention ferme, pour qu'on puisse considérer ces principes comme un droit commun international, susceptible de donner des indications sûres et de fournir un recours légitime à l'interprète [1].

Nous ne voudrions pas qu'on nous attribuât, sur la foi de ces observations, une doctrine générale trop stricte, qui ne serait pas la nôtre ; mais nous croyons que ces idées ont leur valeur dans la matière qui nous occupe, et, tout en partageant le désir très louable dont s'inspirerait une interprétation plus large, nous croyons qu'on ne peut pas appliquer l'article 1er à la question de la nullité des actes passés par le pupille.

Comme l'ouverture de la tutelle est régie par la loi nationale du mineur, de même cette loi règle seule *le mode de délation* de

---

(1) Telle est au moins notre solution en ce qui concerne l'acte passé par le pupille : une question analogue pourrait se présenter pour les actes passés *par le tuteur*. On peut supposer que le tuteur fasse un acte dans un autre pays que celui dont le mineur est le ressortissant, et qu'il fasse cet acte dans des conditions telles que l'acte soit annulable d'après la loi nationale du mineur, — parce que cette loi exigeait, par exemple, l'autorisation du conseil de famille et que le tuteur a procédé sans cette autorisation, ou bien parce que la loi nationale déclarait rescindables pour lésion les actes passés par le tuteur et entraînant une lésion pour lepupille (opinion jadis soutenue en France). La nullité de l'acte passé par le tuteur peut alors être limitée en vertu de principes analogues à ceux qui limitaient, dans la question examinée au texte, la nullité de l'acte passé par le mineur, et l'on peut se demander si la Convention de La Haye atteint ces limitations. On peut hésiter ici, plus encore qu'en ce qui concerne les actes du mineur : on touche, en effet, aux pouvoirs et à la capacité du tuteur, matière intimement liée avec celle de la tutelle qui est l'objet même de la Convention de La Haye ; si on limitait ainsi la nullité des actes du tuteur, prononcée par la loi nationale du pupille, on étendrait les pouvoirs du tuteur agissant à l'étranger, et la tutelle ne serait plus entièrement « régie par la loi nationale du mineur ». Peut-être, cependant, vaudrait-il mieux, ici encore, considérer que la Convention ne tranche pas cette question : on peut soutenir que la Convention vise seulement le principe de l'organisation de la tutelle et des pouvoirs du tuteur, mais non pas les difficultés particulières relatives à la validité des actes conclus par le tuteur avec des tiers ; du principe, il resterait toujours ceci que jamais l'acte passé par le tuteur ne sera nul, s'il a été fait dans la limite des pouvoirs accordés au tuteur par la loi nationale du mineur ; on admettrait seulement que les États contractants se sont réservé le droit, dans l'hypothèse inverse, de limiter, au profit de leurs nationaux qui auraient traité de bonne foi avec le tuteur d'un mineur étranger, la nullité des actes qui serait prononcée par la loi nationale du mineur.

la tutelle : elle décidera s'il y a lieu de faire appel à la tutelle légale, à la tutelle dative, ou à la tutelle testamentaire.

Nous trouvons encore, sur ce second point, une question d'interprétation analogue à celle que nous venons d'examiner : on peut se demander si, en vertu de la Convention de La Haye, la loi nationale du mineur doit être suivie, même si l'observation de la loi étrangère doit avoir pour résultat de faire acquérir la qualité de tuteur à un étranger.

Un étranger peut-il être, en France, tuteur, non seulement d'un étranger, mais d'un Français? C'était, avant la Convention de La Haye et en dehors de son domaine d'application, une question très discutée. Dans une opinion, que la jurisprudence a cru devoir sanctionner, on soutenait que le respect de la souveraineté française interdisait de faire prévaloir, en France, la loi étrangère contre la loi française; on alléguait notamment que les fonctions de la tutelle française constituaient un droit « civil » dans le sens de l'article 11 de notre Code, et, en outre, une sorte de *munus publicum*, suivant l'article 432, qui considère que ces fonctions sont attribuées à des « citoyens ». Mais la jurisprudence elle-même ne suivait pas sa doctrine dans toutes ses conséquences; elle faisait certaines distinctions, si même un revirement ne se dessinait chez elle; la grande majorité des auteurs n'avait pas de peine à montrer que, d'une part, l'application d'une loi étrangère ne faisait point échec à la souveraineté dont dépendait le juge saisi, et que, d'autre part, l'argument fondé sur l'article 11 procédait d'une interprétation inexacte des mots « droits civils »; l'importance donnée aux termes de l'article 432 était également exagérée, et l'on tendait à s'en tenir de plus en plus à la loi nationale du mineur, pour désigner le tuteur, sans se préoccuper de savoir s'il était Français ou étranger [1].

Nous rappelons simplement la controverse, car ce n'est pas le lieu de l'examiner ici : nous avons seulement à rechercher s'il faut la considérer comme tranchée par la Convention de La Haye. On pourrait croire que, si un étranger est désigné comme tuteur par la loi nationale du mineur, la qualité de tuteur devrait être reconnue à cet étranger, en vertu de la Convention : car ce serait

---

(1) Parmi les décisions rendues en ce sens, on peut citer, pour l'argumentation très juste indiquée dans ses motifs, l'arrêt de la Cour d'Alger du 20 octobre 1908 (*Revue de dr. int. privé*, 1910, p. 456 et la note).

la conséquence naturelle de l'application de la loi nationale du mineur, imposée par l'article 1er. Mais il paraît bien que cette interprétation serait abusive. La Convention supprime seulement un des arguments de la théorie adverse, celui qui se fondait sur cette idée que la loi étrangère ne peut prévaloir en France contre la loi française ; elle ne supprime pas les autres arguments, parce que la controverse porte sur la condition des étrangers, tandis que les Conventions de La Haye se bornent à régler des conflits de lois ou de juridictions, même lorsqu'elles ne le disent pas expressément dans leur intitulé ce qui est le cas ici, cela résulte encore de leur esprit général [1]. Malgré les rapprochements qui peuvent s'établir entre la matière des conflits de lois et celle de la condition des étrangers, il semble donc que la question reste entière pour tout ce qui touche à ce second ordre d'idées: c'est la conséquence des principes que nous avons admis en matière d'interprétation.

Abstraction faite de cette question spéciale, l'application de la loi nationale du mineur à la délation de la tutelle n'a pas soulevé d'objection à la Conférence de La Haye. Au moins en est-il ainsi pour les règles générales et normales de la délation de la tutelle. Mais la détermination de la personne du tuteur ne se fait pas seulement au moyen de ces règles générales; il faut envisager aussi d'autres règles plus particulières, qui viennent déroger à celles-ci : il s'agit des *causes d'incapacité, d'exclusion, de destitution, d'excuse ou de dispense* de la tutelle.

Comme ces règles particulières visent des circonstances relatives à la personne même du tuteur, et non pas du mineur, on peut concevoir des doutes, dans l'hypothèse où le tuteur et le

---

(1) Il peut paraître que M. Lainé (*J. d. dr. int. pr.*, 1901, p. 919) soit d'avis contraire, car il considère que la Convention, à la supposer en vigueur à cette époque, aurait eu pour effet de contraindre la Cour de cassation à donner, dans la célèbre affaire *Marinkowich* (Cass., 13 janv. 1873), gain de cause au consul étranger contre la Française, qui se prétendait tutrice : or, ce consul étranger revendiquait la qualité de tuteur datif, par application de la loi nationale du mineur, et la mère française, qui soutenait être tutrice légale par application de sa propre loi, a triomphé devant la Cour de cassation, « attendu qu'en qualité de Française elle était régie, pour ses droits comme pour ses devoirs corrélatifs, par la loi française et qu'elle s'était, par conséquent, trouvée investie de plein droit de la tutelle légale ». Mais l'affaire est trop complexe pour qu'on puisse tirer une telle conclusion de l'observation de M. Lainé, qui se réfère plutôt à la question générale de l'application de la loi du mineur.

mineur n'ont pas la même nationalité : on peut se demander s'il ne faut pas abandonner la loi nationale du mineur, pour donner la préférence à la loi nationale du tuteur; et la Convention de La Haye est muette sur ce point. Pour résoudre cette question, il faut distinguer avec soin, d'une part, les causes d'incapacité, d'exclusion ou de destitution du tuteur, d'autre part, les causes d'excuse et de dispense.

Pour *les causes d'incapacité, d'exclusion ou de destitution*, en effet, on n'a vu adresser, à l'application de la loi nationale du mineur, qu'une critique facile à écarter. On disait qu'il ne s'agissait plus de la capacité du mineur, mais de la capacité du tuteur lui-même, qui se trouvait, en vertu de la règle qui le frappait d'exclusion, atteint, du même coup, d'une incapacité : l'incapacité d'être tuteur. Or, cette idée est purement superficielle et fausse : l'incapacité n'est soumise à la loi personnelle de l'incapable qu'autant que cette incapacité a pour fondement la protection de l'incapable; tel n'est pas le cas ici : l'incapacité qui frappe le tuteur ne se fonde que sur l'intérêt du pupille, c'est une règle de protection du pupille, et, comme telle, c'est dans le statut personnel du pupille qu'elle doit rentrer [1]. Aussi les rédacteurs de la Convention de La Haye, sans juger utile de formuler cette solution dans un texte, ont-ils déclaré nettement, au cours des travaux préparatoires, que les causes d'incapacité, d'exclusion ou de destitution du tuteur étaient régies par la loi nationale du mineur [2].

La question est plus délicate pour *les causes d'excuse ou de dispense*. A la différence des précédentes, ces causes d'excuse ou de dispense reposent, au moins pour une très large part, sur une idée de faveur, sur une idée de protection à l'égard du tuteur;

(1) On avait déjà signalé jadis (Chavegrin, dans la *Revue critique*, 1883, p. 512) le lien qui existe entre la réglementation dés causes d'incapacité, d'exclusion ou de destitution, et l'organisation même de la tutelle : c'est à la loi qui définit l'étendue des pouvoirs et de la liberté du tuteur, la rigueur du contrôle de la tutelle, de se montrer, suivant la solution qu'elle adopte sur ces divers points, plus ou moins exigeante sur le choix du tuteur et les garanties que celui-ci doit présenter. — Ce raisonnement a été rappelé dans l'exposé des motifs du projet de loi portant approbation de la Convention : « La loi qui trace la mission du tuteur est seule compétente pour préciser les garanties morales qu'il doit présenter, et qui varient suivant la nature de cette mission » (*J. off.*, 1903, Doc. parl., Sénat, Sess. ord., annexe n° 218 à la séance du 30 juin, p. 488, col. 1).

(2) V. notamment les *Actes de la 3° Conférence*, p. 103.

on concevrait donc très bien, ici, l'application de la loi nationale du tuteur, parce qu'elle serait compétente pour protéger celui-ci contre les dangers et les charges d'une tutelle trop lourde à gérer; et c'est la distinction qu'un membre de la Conférence de La Haye traduisait dans la disposition suivante : « La capacité pour être tuteur est réglée par la loi nationale du mineur ; le devoir pour être tuteur est réglé par la loi nationale du tuteur ».

Cette disposition n'a pas passé dans le texte définitif de la Convention, pour une raison assez bizarre. La Commission a bien jugé que la loi nationale du pupille ne devait pas s'appliquer ici ; mais elle n'a pas voulu inscrire dans son texte une déclaration purement négative, écartant la loi nationale du pupille. Si elle avait écarté la loi du pupille, elle aurait dû dire quelle loi déterminerait les causes d'excuse ou de dispense : et ici, sur cette solution positive, l'accord n'existait plus entre ses membres. Les uns soutenaient l'application de la loi du tuteur, en vertu des motifs que nous venons d'exposer, mais les autres proposaient une solution assez surprenante : ils voulaient appliquer la loi du lieu où la tutelle s'exerce. En faveur de cette loi locale, on n'a pas pu produire d'arguments fondés au point de vue rationnel ni même au point de vue pratique; toujours est-il, cependant, que ce désaccord a conduit la Conférence à s'abstenir sur ce point de toute disposition, même d'une disposition négative écartant la loi du pupille (1).

Devant le silence du texte, quelle solution les interprètes devront-ils donner? Nous croyons qu'il est conforme aux principes du droit international privé de laisser de côté la loi du lieu où la tutelle s'exerce, puisque aussi bien cette solution ne se fonde sur aucun motif sérieux, mais d'appliquer cumulativement les deux lois nationales du tuteur et du pupille. Voici comment on peut formuler ce principe d'application cumulative : pour qu'une cause d'excuse ou de dispense soit applicable, dirons-nous, il faut et il suffit qu'elle soit admise, ou bien par la loi du tuteur, ou bien par la loi du pupille. Il suffit d'abord qu'elle soit admise par la loi nationale du tuteur, puisqu'il s'agit de protéger le tuteur, comme nous l'avons montré. Mais il suffit aussi qu'elle soit admise par la loi nationale du pupille.

____

(1) V. notamment les *Actes de la 3ᵉ Conférence*, p. 92 et 103, et les *Documents relatifs à la 3ᵉ Conférence*, p. 54 et 116.

R. J.   2

C'est qu'en effet, si les causes d'excuse sont établies dans l'intérêt du tuteur, elles sont en même temps créées dans l'intérêt
du pupille lui-même : il importe au pupille de ne point avoir
pour tuteur un individu pour lequel la charge de la tutelle
serait trop lourde, car il serait à craindre que celui-ci ne pût
pas exercer ses fonctions avec le zèle, la prévoyance et l'atten-
tion nécessaires [1]. Il s'agit donc de la protection du pupille [2];
et nous estimons qu'en l'absence d'un texte écartant la loi du
pupille, en présence, au contraire, d'un texte général qui se
réfère à cette loi, l'interprète ne devrait pas refuser toute compétence à la loi du pupille, dans cette matière des causes d'excuse
et de dispense [3].

[1] Nous croyons même qu'on pourrait reprendre le raisonnement exposé par
M. Chavegrin à propos des causes d'incapacité, d'exclusion ou de destitution,
quoique ce raisonnement ait ici moins de force : le poids de la tutelle dépend
des attributions plus ou moins nombreuses et étendues, de l'initiative plus ou
moins considérable, que la loi nationale du pupille donne au tuteur, du partage
de responsabilité que cette loi peut établir entre le tuteur et d'autres organes de
la tutelle pour certains actes. A ce point de vue encore, la réglementation de la
tutelle résultant de la loi nationale du pupille doit exercer une influence sur
l'admission des causes d'excuse ou de dispense (cette extension semble indiquée
dans l'exposé des motifs du projet de loi déposé au Sénat (*loc. suprà cit.*), par
ces mots : « ... d'après les considérations qui précèdent »). — Mais, ce qui
fait la difficulté de l'application de la loi du mineur pour les causes d'excuse
ou de dispense, c'est que le mineur ne peut pas les invoquer, en droit interne; la
matière des excuses et dispenses n'est donc pas organisée, en droit interne,
comme une institution concernant le mineur : et il y a contradiction entre le
droit interne et le droit international, dès qu'on accorde une place à l'intervention
de la loi du mineur. Au moins cette contradiction apparaît-elle si l'on explique
cette intervention par l'idée d'intérêt de mineur, que nous avons indiquée au
texte; la contradiction disparaît si l'on a recours exclusivement à l'explication
tirée du lien existant entre l'organisation des charges du tuteur et les excuses ou
dispenses, suivant l'idée que nous exposons au début de cette note.

[2] Rapp. l'observation formulée par M. Lainé (*J. d. dr. int. pr.*, 1901,
p. 923) : « Il eût mieux valu que l'on réglât expressément ce point, soit en
attribuant compétence à la loi du tuteur seul, soit en autorisant le tuteur à se
prévaloir de la loi du mineur comme de la sienne ». — Cpr. l'exposé des motifs
du projet de loi portant approbation de la Convention : « Quant aux causes de
dispense de la tutelle, le tuteur doit pouvoir invoquer celles qu'admet la loi du
mineur. Il devrait pouvoir aussi invoquer celles qu'admet sa propre loi » (*J. off.*,
1903, Sénat, doc. parl., Sess. ord., annexe n° 218).

[3] Relativement à la matière, assez voisine, des causes de décharge de la
tutelle, la jurisprudence a eu à faire application de la Convention de La Haye
pour résoudre une question tout à fait différente, dans laquelle le mineur et le
tuteur avaient la même nationalité. La tutelle d'un mineur hollandais, domicilié

Telle est la manière dont il faut entendre l'article 1er de la Convention de La Haye, ordonnant que la loi nationale du mineur soit observée. Mais il restait encore à en assurer l'observation.

II. — Cette mise en œuvre pratique, cette organisation de la tutelle en conformité de la loi nationale du mineur, peut se trouver empêchée par suite de certains faits, que la Convention de La Haye devait prévoir et en considération desquels elle a édicté effectivement différentes mesures. L'intervention des autorités nationales peut être tenue en échec par l'effet de deux circonstances, soit par l'ignorance de ces autorités nationales, soit par leur impuissance.

L'organisation de la tutelle suivant la loi nationale peut d'abord se heurter à un premier obstacle, que la Conférence n'a pas eu de peine à surmonter. Il peut arriver que la tutelle ne soit pas organisée par les autorités dont le mineur est le ressortissant, parce que celles-ci ne se doutent pas qu'un de leurs nationaux se trouve à l'étranger dans des conditions telles que sa tutelle doive être constituée.

Voici, par exemple, deux époux français, qui sont établis à l'étranger ; ils ont un enfant mineur. Puis, l'un des époux vient à décéder : il y aurait lieu d'organiser la tutelle de l'enfant

en Belgique, avait été organisée suivant la loi hollandaise, et un subrogé tuteur, domicilié en Hollande, avait été désigné en Belgique par le conseil de famille suivant la loi hollandaise. Lorsque ce subrogé tuteur demanda à être déchargé pour raison d'âge, il présenta sa demande au juge de paix de son domicile, c'est-à-dire au juge hollandais, en invoquant l'article 435 du Code civil hollandais, d'après lequel la décharge est accordée par le juge qui a déféré la tutelle, ou, s'il n'y a pas eu de nomination judiciaire, par le juge du domicile du tuteur. Le juge de paix hollandais, saisi de cette demande, se déclara incompétent, sous prétexte que la tutelle avait été déférée en Belgique. Mais le tribunal de 1re instance, sur appel du subrogé tuteur, annula l'ordonnance du juge de paix, avec raison : la compétence de la loi et des autorités nationales est la règle, en effet, d'après la Convention de La Haye ; ce n'est qu'à titre exceptionnel que cette Convention admet la compétence locale ; le subrogé tuteur était donc bien fondé à saisir le juge national, en demandant l'application de la loi nationale, constituée par l'article 435 précité, et il importait peu que la tutelle eût été déférée en Belgique (V. Jugement du trib. d'Amsterdam, 22 octobre 1906, *Revue de dr. int. privé*, 1911). Ajoutons qu'en 1894 et en 1900, la Commission, exposant la façon dont il fallait entendre la règle posée par l'article 1er, avait déclaré que cette règle concernait les juridictions compétentes pour organiser la tutelle et la surveiller, comme les formes dans lesquelles ces juridictions devraient procéder.

mineur, conformément à la loi française; mais il se peut très bien que les autorités françaises ne soient pas au courant de ces faits.

La Convention de La Haye prévient facilement ce danger, en stipulant, dans son article 8, que « les autorités de l'État sur le territoire duquel se trouve le mineur étranger, dont il importe d'établir la tutelle[1] doivent informer de cette situation, dès qu'elle leur est connue, les autorités de l'État dont le mineur est le ressortissant »[2]. Pour les mineurs étrangers qui se trouvent en France, c'est le juge de paix du canton dans lequel réside le mineur, qui doit informer, « directement et sans retard, le consul de la nation à laquelle ressortit le mineur[3] ».

Ce premier obstacle évité, la Conférence en rencontrait un second, qui a soulevé des difficultés assez graves. C'est qu'il ne suffisait pas d'avertir les autorités nationales du mineur, pour que l'observation de la loi nationale de celui-ci, et l'organisation d'une tutelle conforme à cette loi nationale, fussent réalisées *ipso facto*. On devait prévoir le cas où les autorités nationales, même avisées, ne pourraient pas assurer ainsi, à distance, l'organisation de la tutelle sur le territoire étranger, où réside le mineur; la loi nationale du mineur peut avoir déterminé les règles de la tutelle de telle sorte, et en exigeant des conditions

(1) Nous avons vu que l'application de ce texte n'était pas subordonnée à la condition que le mineur eût, sur le territoire de l'un des États contractants, une résidence habituelle (Introduction, § IV) : l'article 9 dispose que « l'article 8 s'applique à tous les mineurs ressortissants des États contractants »; mais cette formule large de l'article 9 est naturellement limitée par le texte de l'article 8 : les autorités d'un État contractant ne sont tenues de donner information que si le mineur se trouve sur leur territoire.

(2) Dans le projet, l'article 8 était ainsi conçu : « Le gouvernement, informé de la présence sur son territoire d'un étranger mineur, à la tutelle duquel il importera de pourvoir, en instruira, dans le plus bref délai, le gouvernement de cet étranger ». On souleva la question de savoir si cette disposition était à sa place dans une convention générale, mais l'article 8 fut maintenu en définitive. On substitua seulement le mot « autorités » au mot « gouvernement ». On se demanda alors quelles seraient les autorités qui échangeraient ces informations et il fut convenu que chaque État garderait sa liberté pour réglementer cette question d'ordre secondaire.

(3) *Circulaire adressée aux procureurs généraux par M. le Garde des sceaux Briand*, le 29 juillet 1908. — Cette détermination a été faite par la circulaire ministérielle en vertu de la liberté qui avait été laissée à chaque État. V. la note précédente.

telles, que cette organisation ne puisse pas être transportée et fonctionner sur le territoire étranger. L'autorité nationale serait alors impuissante, à moins d'avoir, pour organiser la tutelle sur le territoire étranger, conformément à la loi nationale du mineur, un intermédiaire qui fût sur place.

C'est l'hypothèse qui a été prévue par l'article 2 de la Convention de La Haye. Cet intermédiaire, établi à l'étranger au lieu de la résidence du mineur, existe : c'est l'agent diplomatique ou consulaire, qui exerce ses fonctions dans le lieu de la résidence du mineur et qui est autorisé par l'État national du mineur. Il organisera la tutelle d'après la loi nationale du mineur. La Convention, toutefois, a réservé à l'État local le droit de s'opposer à l'intervention de cet agent. De sorte que l'article 2 est ainsi conçu : « Si la loi nationale n'organise pas la tutelle en vue du cas où le mineur aurait sa résidence habituelle à l'étranger, l'agent diplomatique ou consulaire autorisé par l'État dont le mineur est le ressortissant pourra y pourvoir, conformément à la loi de cet État, si l'État de la résidence habituelle du mineur ne s'y oppose pas ».

Cette réserve du droit d'opposition appelle un bref commentaire. Elle ne figurait pas dans le projet de programme[1]. Introduite dans le texte, sur la demande de l'Allemagne, par la Commission, rejetée ensuite en séance plénière[2] par huit voix[3] contre sept[4], elle a été, dans une séance ultérieure, définitivement rétablie sur les instances de M. Asser, qui fit observer qu'elle avait été écartée à une faible majorité, que la minorité y attachait

---

(1) L'article 2 du projet de programme était ainsi conçu : « Si, d'après la loi nationale, il n'y a pas, dans l'État auquel ressortit le mineur, une autorité compétente pour pourvoir à la tutelle, l'agent diplomatique ou consulaire de cet État, résidant dans la circonscription où la tutelle s'est ouverte en fait, exerce, si la loi nationale l'y autorise, les attributions conférées par cette loi aux autorités de l'État auquel ressortit le mineur ». — La seule réserve qui figurait dans cet article : « si la loi nationale l'y autorise », visait une question tout à fait différente; elle était admise, en faveur de la loi de l'État auquel le mineur ressortit, non pas en faveur de l'État où réside le mineur, et l'on a pu, sans inconvénient, en supprimer l'indication expresse.

(2) La formule sur laquelle on a voté était un peu différente de celle qui figure dans la rédaction définitive : « si la loi du lieu ne s'y oppose pas »; mais il s'agissait de la même discussion de principe.

(3) Belgique, France, Italie, Pays-Bas, Portugal, Roumanie, Russie, Suisse.

(4) Allemagne, Autriche-Hongrie, Danemark, Espagne, Suède, Norvège.

beaucoup d'importance, que les autres États pouvaient, au contraire, la considérer comme secondaire et se montrer conciliants[1].

Voici quels furent les principaux points de la discussion. On avait pensé d'abord que l'État où réside le mineur étranger, admettant pour cet étranger la constitution d'une tutelle conforme à la loi étrangère, pouvait se désintéresser de la question de savoir si cette tutelle serait organisée par les autorités résidant à l'intérieur de l'État du mineur, ou par les agents résidant au dehors et représentant cet État. Mais une opinion dissidente se fit jour, qui réclamait, pour l'État local, la faculté de refuser ce droit aux agents étrangers ; en ce sens, on tirait argument d'une réserve analogue admise en matière de célébration d'un mariage, à l'étranger, par les représentants de l'État auquel les conjoints appartiennent par leur nationalité [2] ; on soutenait que l'intervention des consuls étrangers, même en matière de tutelle, implique l'intervention de l'autorité publique étrangère ; on prétendait que l'État local avait intérêt à désigner les autorités qui organiseraient la tutelle, comme la manière suivant laquelle ces autorités procéderaient, et que, d'ailleurs, certains consuls, à la différence des consuls de carrière, ne méritaient pas une confiance absolue. L'opinion adverse, dans la personne, notamment, de l'éminent délégué de la France, M. Renault, trouva d'habiles défenseurs. Ceux-ci montrèrent, en premier lieu, qu'il n'y avait pas d'argument d'analogie à tirer de la matière du mariage [3] : si l'autorité locale est parfaitement apte à célébrer un mariage, elle ne l'est guère pour organiser une tutelle, fonction que l'agent diplomatique, à raison de sa connaissance plus complète du milieu qui entoure le mineur, remplira, au contraire, de façon plus satisfaisante ; il est assez rare qu'on doive recourir à l'agent diplomatique pour un mariage, on aura sou-

---

(1) V. notamment *Actes de la 2e Conférence*, protocole final, p. 3; *Actes de la 3e Conférence*, p. 92 s., 135 et 145; *Documents relatifs à la 3e Conférence*, p. 52 et 107.

(2) Article 6 de la Convention ayant pour objet de régler les conflits de loi en matière de mariage : « Sera reconnu partout comme valable le mariage célébré devant un agent diplomatique ou consulaire, conformément à sa législation, si aucune des parties contractantes n'est ressortissante de l'État où le mariage est célébré et *si cet État ne s'y oppose pas* ».

(3) M. Renault a cité sur ce point l'exemple pratique de la Suisse, « qui n'admet pas les mariages consulaires, tout en permettant les tutelles organisées par des agents étrangers » (*Actes de la 3e Conférence*, p. 93).

vent besoin de cet agent pour l'organisation d'une tutelle, et le droit d'opposition aurait, en notre matière, des inconvénients plus sérieux. En outre, si l'on peut considérer que la célébration d'un mariage par l'agent diplomatique constitue une intervention de l'autorité publique étrangère, on n'en peut pas dire autant de l'organisation d'une tutelle. Les consuls français, par exemple, n'ont, à l'étranger, ni le pouvoir de nommer un tuteur, ni la faculté de remplir les fonctions de tuteur; ils sont autorisés simplement à faire des actes qui rentrent, en quelque sorte, dans le domaine de la juridiction gracieuse : telle la convocation des parents et amis du mineur, ou la présidence du conseil de famille; on ne voit donc pas comment l'État local pourrait avoir intérêt à s'opposer à cette intervention, comment l'exercice de semblables fonctions pourrait être blessant pour l'autorité locale, comment il pourrait être dangereux de donner cette mission à des agents dont l'Allemagne avait tort de critiquer la capacité et la valeur, puisque aussi bien pareille appréciation regarde l'État dont ces agents relèvent.

Malgré la force de cette argumentation, le droit d'opposition a été finalement consacré par le texte de l'article 2 de la Convention [1]. On a seulement fait remarquer que cette réserve n'aurait vraisemblablement pas de conséquences sérieuses, en ce qui concerne la France : comme l'organisation des tutelles à l'étranger sera confiée seulement à nos consuls ou vice-consuls de carrière, et non pas à des agents auxquels l'opinion dissidente refusait d'accorder une entière confiance, on peut espérer qu'aucun des États contractants n'usera, vis-à-vis de nous, du droit d'opposition que l'on a tenu à réserver dans la Convention [2].

Quoi qu'il en soit de ces difficultés éventuelles, nous avons déterminé le régime normal d'organisation de la tutelle, celui qui consiste dans l'observation de la loi nationale du mineur, assurée par les autorités nationales de celui-ci, ou par les agents diplomatiques ou consulaires que son pays possède à l'étranger, au lieu de la résidence du mineur. Et nous pouvons examiner maintenant un autre régime, également prévu par la Convention de La Haye, régime anormal et subsidiaire, où la compétence est donnée aux autorités locales et à la loi locale.

(1) Sur ces discussions, v. les passages précités des *Actes* et des *Documents*.
(2) Cf. Gruffy, dans les *Lois nouvelles*, 1905, p. 63.

II

LE RÉGIME SUBSIDIAIRE DE LA COMPÉTENCE LOCALE

Compétence des autorités locales pour les mesures urgentes ou provisoires ; compétence de la loi locale pour l'organisation et le fonctionnement de la tutelle. — I. Conditions d'application de la loi locale. — II. Cessation du régime subsidiaire.

La compétence locale a été admise par la Convention de La Haye à deux points de vue, d'importance fort inégale d'ailleurs.

Les autorités locales sont d'abord compétentes pour prendre certaines mesures urgentes ou provisoires. C'est ce que décide l'article 7 : « En attendant l'organisation de la tutelle, ainsi que dans les cas d'urgence, les mesures nécessaires pour la protection de la personne et des intérêts d'un mineur étranger seront prises par les autorités locales ». Nous verrons plus loin que cette disposition a été utilisée par la jurisprudence pour fonder en droit certaines décisions discutables, qui lui semblaient s'imposer en fait ; toutefois, en soi, elle est assez simple, sa signification est assez claire et son utilité est assez évidente, pour qu'il suffise de la citer ici [1].

Mais la compétence locale peut, en certains cas, acquérir un développement beaucoup plus considérable. La Convention prévoit, en effet, que la tutelle peut être établie par les autorités locales et exercée conformément à la loi du lieu : c'est le régime subsidiaire, dont nous devons étudier la réglementation. Le caractère subsidiaire de ce régime domine aussi bien ses conditions d'application, que la détermination des circonstances dans lesquelles il prend fin.

---

(1) Comme nous l'avons vu plus haut (Introduction, § v), l'application de ce texte n'est pas subordonnée à la condition que le mineur ait sa résidence habituelle sur le territoire de l'un des Etats contractants ; d'après l'article 9, « l'article 7 s'applique à tous les mineurs ressortissants des Etats contractants ». Un Etat contractant devrait donc prendre ces mesures nécessaires pour la protection des biens possédés, sur son territoire, par un mineur ressortissant d'un autre Etat contractant, même si le mineur réside, habituellement ou non, sur le territoire d'un Etat non contractant. Mais, pour ce qui est de la protection de la personne, si l'on n'exige pas une résidence habituelle, on ne voit guère, en fait, comment ces mesures pourraient être prises par d'autres autorités que celles du pays où se trouve le mineur.

I. — Une première condition dérive directement du caractère subsidiaire de la compétence locale. Pour qu'une tutelle puisse être constituée conformément à la loi locale, il faut que le régime normal, — le régime de l'organisation conforme à la loi nationale et assurée par les autorités nationales ou leurs agents diplomatiques ou consulaires, — se heurte à des obstacles qui l'empêchent de fonctionner. Il en sera ainsi lorsque, pour des raisons de fait ou de droit, l'organisation conforme à la loi nationale ne pourra être assurée, ni par les autorités nationales, ni par leurs agents[1]; il en sera de même lorsque ceux qui auront été appelés à constituer la tutelle en vertu des principes du régime normal n'y auront pas pourvu.

En second lieu, il faut que ce ne soit pas d'une façon purement accidentelle, que le mineur se trouve sur le territoire de l'État local. La compétence locale, étant exceptionnelle, doit au moins reposer sur une sérieuse base objective ; comme il s'agit de mesures assez graves, — de l'organisation d'une tutelle véritable — la loi locale compétente est celle du pays où le mineur a, non seulement une résidence, mais sa résidence *habituelle*[2].

Ces deux conditions sont résumées dans l'article 3 de la Convention de La Haye : « Toutefois la tutelle du mineur ayant sa résidence habituelle à l'étranger, s'établit et s'exerce conformément à la loi du lieu, si elle n'est pas ou ne peut pas être constituée conformément aux articles précédents » [3].

(1) Rapp. Olivi, *Rev. de dr. intern. et de lég. comp.*, 1904, p. 51 : « La tutelle ne peut se développer et s'effectuer, en général, au moyen d'organes autres que ceux qui sont admis par la loi territoriale; celle-ci, quoiqu'elle soit le produit de facteurs ethniques, est susceptible néanmoins d'applications générales, au profit de tous ceux qui invoquent sa protection. C'est ainsi qu'on ne pourrait pas constituer un conseil de famille, ni procéder à la nomination d'un protuteur, sur le territoire de la monarchie autrichienne, pour des mineurs italiens ou français qui y résident habituellement; ceux-ci devraient être soumis à un juge pupillaire, qui ne pourrait jamais être nommé en Italie ou en France pour exercer son autorité sur des mineurs autrichiens à l'exclusion du conseil de famille et du protuteur ».

(2) Nous avons vu (Introduction, § v) que la condition de résidence habituelle était rappelée par l'article 9 de la Convention.

(3) Dans la rédaction primitive, on décidait que la tutelle se constituait devant les autorités compétentes du lieu et était régie par leurs lois dans trois cas : — 1° si, pour des raisons de fait ou de droit, la tutelle ne pouvait pas être constituée conformément aux articles 1 et 2; — 2° si ceux qui étaient appelés à constituer la tutelle, d'après les articles précédents, n'y avaient pas pourvu; — 3° si la

La Conférence, ici encore, a eu soin de garantir la mise en œuvre pratique du système qu'elle instituait.

L'article 8, comme nous avons vu antérieurement, avait prescrit aux autorités locales de provoquer l'application du régime *ordinaire*, en informant les autorités nationales de ce fait, qu'il y avait lieu d'organiser une tutelle [1] : le même article dispose que les autorités nationales doivent répondre, aussitôt que possible, à cet avis, en faisant connaître aux autorités locales si elles ont établi ou si elles ont l'intention d'établir elles-mêmes la tutelle conforme à la loi nationale [2].

Si les autorités locales ne reçoivent pas de réponse, ou si elles sont averties que les autorités nationales n'interviendront pas, elles établissent le régime *subsidiaire* conformément à la loi locale.

II. — Ce régime, que nous avons suffisamment défini en disant qu'il consiste dans l'application de la loi locale, n'aura qu'une durée déterminée elle-même par le caractère subsidiaire qu'il présente. Il pourra prendre fin de deux façons.

Il cessera de fonctionner, d'abord, lorsqu'il n'y aura plus lieu de laisser subsister *aucune tutelle*, c'est-à-dire lorsque l'incapacité du pupille prendra fin.

Une remarque importante doit être faite au sujet de la loi qui fixe la cessation de l'incapacité. Pour savoir si l'incapacité prend fin, ce n'est pas la loi locale qu'il faudra consulter : la

---

personne autorisée à constituer la tutelle, par la loi nationale du mineur, avait nommé un tuteur résidant dans le même pays que le mineur. Cette disposition fut critiquée et la Commission lui substitua un article 5 nouveau ainsi conçu : « Si le mineur a sa résidence habituelle à l'étranger, l'exercice de la tutelle, établie conformément à sa loi nationale, pourra être soumis à la loi du pays de sa résidence par l'effet d'une entente entre le gouvernement du pays auquel le mineur appartient ». Ce texte fut lui-même écarté par sept voix contre sept, et l'on s'en tint à l'article 3 tel que nous l'avons cité.

(1) *Suprà*, 1, § II.

(2) Cette disposition ne figurait pas dans le projet; elle a été ajoutée à l'article 8, dont elle forme le second alinéa, sur la demande des Etats scandinaves. D'où la rédaction suivante : « Article 8. — Les autorités d'un Etat sur le territoire duquel se trouvera un mineur étranger, dont il importera d'établir la tutelle, informeront de cette situation, dès qu'elle leur sera connue, les autorités de l'Etat auquel le mineur ressortit. — *Les autorités ainsi informées feront connaître le plus tôt possible aux autorités qui auront donné l'avis si la tutelle a été ou sera établie* ».

loi locale n'avait qu'une compétence subsidiaire, admise pour de simples raisons d'utilité pratique, afin qu'on pût aboutir à la constitution d'une tutelle; et ces raisons pratiques n'existent plus, lorsqu'il s'agit de supprimer la tutelle. On retombe donc sous l'empire du principe général : la Convention de La Haye décide que la loi nationale du mineur reprend sa compétence pour déterminer les causes d'extinction de la tutelle [1].

Le régime de la compétence locale prend fin, en outre, dans une seconde hypothèse, qui est plus complexe, parce que toute tutelle ne disparaît pas alors, mais qu'il y a seulement *substitution d'une tutelle nationale à la tutelle locale*.

On voit ici déduire d'une façon plus rigoureuse encore les conséquences du caractère subsidiaire que présente le régime local. Lorsqu'une tutelle est organisée, par exception, conformément à la loi locale, la Convention de La Haye, dans son article 4, réserve aux autorités nationales ou à leurs agents diplomatiques, le droit d'établir une nouvelle tutelle, conforme au régime de droit commun, conforme à la loi nationale du mineur [2]; et les autorités nationales ou leurs agents doivent alors avertir de ce fait l'autorité locale ou l'ancien tuteur [3].

Par suite de la constitution de cette nouvelle tutelle, l'ancienne tutelle, la tutelle locale subsidiaire, prendra fin ; mais des difficultés se sont élevées sur la date exacte à laquelle il fallait fixer la cessation de l'ancienne tutelle; on a fini par disposer que la fin de l'ancienne tutelle serait déterminée par la législation locale, c'est-à-dire par la législation de l'Etat où cette ancienne tutelle avait été organisée [4].

---

(1) Article 5 de la Convention de La Haye : « c'est ce que la Conférence a exprimé en disposant dans cet article que « *dans tous les cas* la tutelle s'ouvre et *prend fin* aux époques et pour les causes déterminées par la loi nationale du mineur ».

(2) Article 4, alinéa 1er : « L'existence de la tutelle établie conformément à la disposition de l'article 3 n'empêche pas de constituer une nouvelle tutelle par application de l'article 1er ou de l'article 2 ».

(3) Article 4, alinéa 2 : « Il sera, le plus tôt possible, donné information de ce fait au Gouvernement de l'Etat où la tutelle a été d'abord organisée. Ce Gouvernement en informera, soit l'autorité qui avait constitué la tutelle, soit, si une telle autorité n'existe pas, le tuteur lui-même ».

(4) Article 4, alinéa 3 : « La législation de l'Etat où l'ancienne tutelle était organisée décide à quel moment cette tutelle cesse dans le cas prévu par le présent article ». — La rédaction primitive était différente, surtout en ce qui con-

Seulement, ce texte n'a pas écarté toute controverse. La Cour de Bordeaux, en particulier, a eu à statuer sur cette question à propos d'un mineur allemand, résidant en France, et dont la tutelle avait été organisée, d'abord, suivant la loi locale française; puis, une autre tutelle avait été instituée suivant la loi nationale allemande; et le nouveau tuteur allemand réclamait que la personne du pupille lui fût confiée dans les vingt-quatre heures. La Cour de Bordeaux a repoussé cette demande, au moins temporairement, parce que l'état de santé du pupille paraissait s'opposer actuellement à ce brusque changement de résidence. Pour justifier son refus, elle s'était fondée sur l'article 4 de la Convention, qui attribue à la loi locale compétence pour fixer la fin de l'ancienne tutelle : cela implique, avait dit la Cour, le pouvoir, pour les tribunaux locaux, de s'entourer de tous les renseignements nécessaires, notamment de faire rechercher par des experts si la santé du mineur ne lui interdit pas tout déplacement, et même d'ordonner, s'il y a lieu, que la résidence

cerne la dernière solution que nous venons d'indiquer; l'article 4 était ainsi conçu : « L'existence de la tutelle établie conformément à l'article 3 n'empêche pas qu'une nouvelle tutelle soit constituée par application des articles 1 ou 2. — Il sera, le plus tôt possible, donné information de ce fait aux autorités étrangères qui avaient d'abord organisé la tutelle. — L'ancienne tutelle cesse à compter du moment où cette information aura été *communiquée au tuteur* dont le mineur avait été pourvu à l'étranger ». La fin de l'ancienne tutelle était donc marquée par l'information, reçue par l'ancien tuteur, de la constitution d'une nouvelle tutelle. Deux critiques principales furent adressées à cette disposition. On fit observer, d'abord, qu'il pouvait y avoir des difficultés à informer de façon sûre le premier tuteur : la Convention devait donc fixer la fin de l'ancienne tutelle, de préférence, au moment où cette information est reçue par les autorités locales; cette proposition n'eut pas de succès, car on répondit que le premier tuteur ne pouvait pas cesser ses fonctions avant d'avoir eu personnellement connaissance de la constitution d'une seconde tutelle. La deuxième critique avait une portée plus considérable : la fin de la première tutelle, disait-on, constituait la fin d'un mandat donné au premier tuteur par les autorités locales, conformément à la loi locale : c'était donc à la loi locale d'en fixer la date, plutôt qu'à la Convention elle-même, et mieux valait supprimer la disposition finale de l'article 4. Cette proposition de suppression fut repoussée, par huit voix contre six et une abstention, mais le texte primitif ne fut voté que par dix voix contre cinq. M. Asser, qui n'approuvait pas ce texte et qui préférait que la Convention donnât expressément compétence à la loi locale, fit ensuite prévaloir sa manière de voir, et c'est ainsi que la rédaction actuelle fut établie (V. notamment les *Actes de la 3ᵉ conférence*, p. 94 et s., 136 et 145).

ancienne sera provisoirement maintenue (1). Cet argument nous paraît peu juridique : car la loi française ne contient aucun texte qui fixe la fin d'une première tutelle en cas d'organisation ultérieure d'une nouvelle tutelle; comme la tutelle locale est purement subsidiaire, il faut conclure, croyons-nous, que, dans le silence de la loi locale, elle prend fin aussitôt que la constitution d'une tutelle nationale est notifiée (2). Mais il nous semble que la Cour de Bordeaux a été mieux inspirée, dans son second arrêt, en s'appuyant sur un autre article de la Convention : elle a eu recours à l'article 7, qui donne aux autorités locales le pouvoir de prendre les mesures nécessaires pour la protection du mineur (3); ce texte ne permet pas seulement aux autorités locales de prendre ces mesures en attendant l'organisation d'une tutelle : il leur donne ce pouvoir, également, dans tous les cas d'urgence; il y a là, pour les hypothèses d'urgence, comme une application de la territorialité des lois de sûreté. Et, puisque la Cour spécifiait que le changement de

(1) Deux arrêts ont été rendus par la Cour de Bordeaux dans cette affaire. Le premier, en date du 6 juillet 1909, ordonne l'expertise. Le second, en date du 30 mai 1910, décide le maintien de la résidence ancienne, parce que les experts ont conclu que le changement serait dangereux, s'il intervenait avant un délai de deux ans; toutefois, la Cour fixe à une année seulement la période pendant laquelle sa décision ne pourra être modifiée : après ce délai, le tuteur allemand pourra demander une expertise afin de démontrer que le changement de résidence est possible. — V. les deux arrêts dans la *Revue de dr. int. privé*, 1910, p. 885 et la note.

(2) Si le texte de l'article 4, *in fine*, réserve à la loi locale le pouvoir de fixer la fin de la première tutelle, il nous semble absolument abusif, en effet, de prétendre que ce texte signifie que les tribunaux locaux ont un pouvoir discrétionnaire en l'absence de solution donnée par la loi locale : c'est forcer manifestement le sens des termes de l'article 4.

(3) V. le texte et l'explication de cet article, *supra*, p. 24. Cet argument ne figurait pas dans le texte de l'arrêt de 1909; nous en avons relevé l'indication dans l'arrêt de mai 1910, d'autant plus que, avant la publication de cet arrêt, nous avions signalé que l'article 7 pouvait fournir, à la décision des juges, une base moins faible que l'article 4; on a fait ensuite observer (*Revue de dr. int. privé*, note précitée) que l'article 7 autorisait seulement les autorités locales à « parer aux lenteurs et aux insuffisances de la tutelle nationale »; mais, en raison de la formule très large de l'article 7 et des considérations que nous exposons au texte, nous persistons à croire que l'argumentation de la Cour de Bordeaux est, sur ce point, très soutenable. Il va sans dire que, pour respecter cette disposition, les juges ne devraient pas prolonger indéfiniment cette situation temporaire, en renouvelant leur décision provisoire : c'est une simple question de mesure.

résidence du mineur était différé d'une façon purement temporaire, il n'était peut-être pas antijuridique de mettre en jeu cet article, pour justifier, en droit, une solution fort désirable en fait.

Quels que puissent être les doutes qui subsistent sur ce point et sur divers autres que nous avons mentionnés, nous connaissons maintenant les conditions dans lesquelles la tutelle des mineurs étrangers s'ouvre et s'organise sous ses différentes formes : nous n'avons plus qu'à envisager certaines difficultés particulières, qui peuvent apparaître au cours du fonctionnement de la tutelle ainsi constituée.

III

DIFFICULTÉS RELATIVES AU FONCTIONNEMENT DE LA TUTELLE

Principe applicable au fonctionnement de la tutelle; difficultés particulières. — I. Intervention de la *lex rei sitae* en matière immobilière. — II. La règle *locus regit actum*.

Les effets de la tutelle, son fonctionnement et son administration, seront, en principe général, réglés par la loi d'après laquelle la tutelle a été organisée. Il suffit de renvoyer à ce que nous avons dit sur ce sujet : c'est la loi nationale du mineur dans le régime normal [1], c'est la loi du lieu de la résidence habituelle du mineur dans le régime subsidiaire. Mais cette application de la loi sous l'empire de laquelle la tutelle est organisée n'est qu'une règle : comme toute règle, elle comporte des exceptions, qui sont tantôt admises sans conteste et tantôt fort discutées.

Nous nous en tiendrons, dans cet exposé, à deux points essentiels, dont l'importance résulte, soit de l'intérêt qu'ils présentent en doctrine, soit des questions litigieuses qu'ils ont soulevées en pratique. Le premier se réfère aux immeubles qui appartiennent au mineur : on peut songer, alors, à appliquer une loi locale, la *lex rei sitæ* ; et la Convention de La Haye a visé cette hypothèse. Le second touche aux questions de forme : en l'absence de texte, on doit se demander si ces formes ne pourront pas être détermi-

---

(1) V. cependant les observations relatives au droit, pour les tiers de bonne foi, d'écarter la nullité des actes qu'ils ont conclus avec le tuteur d'un mineur étranger, lorsque ces actes sont sujets à annulation ou à rescision d'après la loi nationale du mineur, *suprà*, page 13, note 1.

nées, au moins en partie, par la loi du lieu où l'acte est passé pour le compte du mineur, en vertu de la maxime *locus regit actum*.

I. — La question que soulèvent *les actes ou les droits relatifs aux immeubles*, est visée expressément, disions-nous, par la Convention de La Haye.

L'article 6, en effet, — après avoir posé le principe que le fonctionnement et l'administration de la tutelle sont régis par la loi qui a présidé à l'organisation de celle-ci, c'est-à-dire, normalement, par la loi nationale du mineur, — formule, dans son second alinéa, la restriction suivante, dont l'interprétation est assez difficile : « Cette règle peut recevoir exception quant aux immeubles placés par la loi de leur situation sous un régime foncier spécial » (1). Le sens et la portée de cette exception sont fort discutables.

Nous croyons que la *lex rei sitæ* ne doit certainement pas prévaloir sur la loi nationale du mineur pour toutes les questions relatives aux immeubles ; il nous semble que l'exception vise exclusivement, d'un côté, les immeubles, dont la gestion dépend plutôt du droit public que du droit privé (comme les fiefs ou les majorats) et, d'un autre côté, les règles de publicité foncière. C'est cette manière de voir que nous allons essayer de justifier.

D'abord, l'exception ne vise pas toutes les règles relatives aux immeubles : ce serait revenir à l'ancienne conception, extrêmement vaste, du statut réel, qui n'est plus guère défendue aujourd'hui. Si donc il se trouvait qu'une loi de l'un des Etats signataires admît la rescision des ventes passées pour le compte des mineurs — à l'instar de l'article 1674 de notre Code civil, — seulement dans le cas où la chose vendue est un immeuble, il ne faudrait pas dire que cette règle de la rescision pour lésion, visant exclusivement les immeubles, est de statut réel et rentre dans la compétence de la *lex rei sitæ* : il faudrait décider, au contraire, en remontant jusqu'au but même de la règle, que la rescision, étant admise dans l'intérêt du mineur qui conclut la

---

(1) Une restriction analogue figure dans l'article 12 de la Convention relative à la tutelle des majeurs. On peut rapprocher le texte de l'article 10 du traité franco-suisse du 15 juin 1869 : «... sans préjudice, toutefois, des lois qui régissent les immeubles » (*suprà*, Introduction, § ii).

vente, rentre dans le statut personnel de celui-ci, et ne peut être établie que par la loi nationale du mineur.

Pour que la loi du lieu de situation de l'immeuble puisse prévaloir sur la loi du mineur, il ne suffirait même pas que cette suprématie fût prescrite par une disposition expresse de la loi du lieu de situation. Cette doctrine a été écartée formellement par la Conférence de La Haye, qui a déclaré la rejeter, au cours des travaux préparatoires, et a rédigé le texte de la façon plus précise que nous signalions tout à l'heure, justement afin d'éviter cette interprétation extensive [1] : on aurait abouti, en effet, à ne plus appliquer du tout la loi nationale aux immeubles, on l'aurait appliquée seulement aux meubles, et la distinction des meubles et des immeubles aurait été tout à fait inexplicable en pareille matière, alors surtout qu'on visait à assurer l'unité de la tutelle.

Les solutions ainsi obtenues ayant une valeur purement négative, on se heurte à une difficulté beaucoup plus grave, lorsqu'on essaie de fixer une limite positive. Pour déterminer la portée de l'exception, nous croyons qu'on doit se référer aux principes rationnels et généraux du droit international privé; et nous dirons que la loi de la situation doit prévaloir uniquement, lorsque la souveraineté du lieu de situation peut justifier qu'elle possède un intérêt sérieux et légitime à faire régir telle question par sa propre loi.

Or, cet intérêt légitime ne peut être qu'un intérêt politique

---

(1) La Commission avait proposé la rédaction suivante : « Cette règle reçoit, quant aux immeubles, les exceptions que la législation du pays de leur situation aura prescrites » ; la Commission entendait ce texte dans le sens large que nous avons indiqué. En faveur de cette solution, on fit valoir que l'application de la loi du lieu de situation de l'immeuble ne devait pas compromettre les intérêts du pupille; il n'y avait pas lieu de redouter que cette loi fût moins favorable pour le mineur : tel était le cas, notamment, pour la loi hongroise, d'après laquelle, si un mineur étranger, soumis à une tutelle étrangère, possède des immeubles en Hongrie, l'autorité hongroise lui nomme un tuteur spécial, qui exerce ses fonctions sous le contrôle de l'autorité tutélaire hongroise et doit se conformer aux prescriptions de la loi hongroise. Mais, à supposer même que cet exemple eût une valeur générale, tel n'était pas le point de vue duquel la question devait être envisagée; c'est pourquoi la portée de l'exception fut intentionnellement limitée (V. notamment les *Actes de la 2ᵉ Conférence*, p. 121, et son protocole final, p. 4; les *Actes de la 3ᵉ conférence*, p. 99 et s., 104 et 145; les *Documents relatifs à la 3ᵉ Conférence*, p. 62).

ou l'intérêt du crédit immobilier local. La loi du lieu de situation prévaudra en vertu d'un intérêt politique, s'il s'agit d'institutions touchant au droit public, comme les fiefs ou les majorats : c'est ce que déclarait l'Exposé des motifs du projet de loi portant approbation de la Convention [1]. Et la loi de la situation prévaudra en vertu d'un intérêt économique, s'il s'agit des règles de publicité foncière, qui peuvent prescrire des mesures spéciales au sujet des immeubles dépendant d'une tutelle : l'observation des règles de publicité foncière importe au crédit général et ne peut être utilement assurée qu'au lieu de la situation de l'immeuble [2].

Au contraire, cet intérêt légitime et sérieux ne se rencontre plus, s'il s'agit seulement des formes imposées pour l'aliénation d'un immeuble, en vue de la protection privée du mineur : mais nous touchons ici aux questions de forme que nous devons envisager d'une manière spéciale.

II. — Ces *questions de forme* n'ont pas été prévues par la Convention de La Haye, mais elles se sont présentées en pratique, et la jurisprudence a dû se demander comment elles doivent être résolues sous l'empire de la Convention.

Certaines formes peuvent être exigées *dans l'intérêt des tiers, dans l'intérêt général du crédit* : ces formes ne se réfèrent plus à la protection du mineur, elles ne rentrent plus dans le domaine de la Convention de La Haye, puisque celle-ci vise exclusivement la tutelle ; on aurait donc recours aux principes généraux du droit international privé, notamment au principe de la territorialité des lois d'ordre public ; et l'on peut considérer

---

(1) Exposé des motifs du projet de loi portant approbation de la Convention, déposé au Sénat le 30 juin 1903 : « L'exception ne concerne que certains immeubles pour lesquels il y aurait un régime foncier spécial, par exemple des immeubles qui constitueraient des fiefs dont la gestion dépendrait du droit public et non du droit privé » (*J. off.*, 1903, Doc. parl., Sénat, sess. ord., annexe n° 218 à la séance du 30 juin 1903, p. 488, col. 2).

(2) Cette matière reste toutefois mal élucidée; et c'est pour cette raison que M. Lainé se borne à rappeler le revirement, qui s'est produit au cours des travaux préparatoires, et à conclure : « Je ne saisis pas très bien la portée pratique de la restriction maintenue dans l'alinéa 2 de l'article 6. Il serait désirable que l'on pût se faire une idée précise de ce régime foncier spécial auquel les immeubles peuvent être soumis, dans tel ou tel pays, en matière de tutelle » (*J. d. dr. int. pr.*, 1901, p. 932).

que c'est par application de ce principe que la Convention elle-même réserve, en matière immobilière, les dispositions de la *lex rei sitæ* qui établirait un régime foncier spécial, en tant que ce régime imposerait des conditions de forme.

Mais il existe aussi des formes dont le but est tout à fait différent : ce sont les formes exigées *dans l'intérêt du mineur.* Par leur but même, ces formes, tendant à la protection du mineur, rentrent dans le statut personnel de celui-ci; et il ne serait pas exact, à ce point de vue, d'assimiler absolument les formes habilitantes aux autres formes (1). Les formes telles que l'autorisation du conseil de famille, l'homologation du tribunal, la consignation obligatoire pour le tuteur qui reçoit des deniers appartenant au pupille, se rattachent naturellement à l'exercice et à la gestion de la tutelle : elles sont donc régies par la loi de la tutelle, c'est-à-dire, dans le régime normal, par la loi nationale du mineur.

On conçoit néanmoins qu'une part soit faite à l'application de la loi du lieu où l'acte est passé, en vertu de la maxime *locus regit actum.* Voici comment il nous semble que l'intervention de la *lex loci actus* doit être définie : deux hypothèses peuvent se présenter.

On peut supposer d'abord que la loi locale, — et nous entendons maintenant par là, d'une façon plus exacte, la *lex loci actus,* — soit *plus rigoureuse que la loi nationale* du pupille : la loi locale exige des formes qui ne sont pas imposées par la loi nationale.

Cette hypothèse s'est réalisée en pratique. Une vente d'immeuble avait été faite en Belgique, pour le compte d'un mineur néerlandais, dont la tutelle était soumise, conformément à la règle ordinaire, à la loi néerlandaise. Comme la loi belge veut, en pareil cas, que le tuteur consigne le prix, on prétendit que cette consignation devait être faite en l'espèce. La Cour de cassation belge décida, au contraire, que la consignation n'était pas obligatoire (2).

Cette décision mérite d'être approuvée. En faveur de la loi belge, on ne doit pas alléguer qu'il s'agit d'une question relative à un immeuble : il ne faut pas dire que cette question doit être

----

(1) V. par exemple, Surville, *op. cit.*, p. 394.
(2) Voyez cet arrêt dans la *Revue de dr. int. privé*, 1907, p. 812.

tranchée par la loi locale en vertu de l'article 6 de la Convention, qui réserve l'application du régime foncier spécial : car la consignation, telle qu'elle est envisagée par la loi belge [1], n'est pas une mesure imposée spécialement pour les ventes d'immeubles ; en tout cas, elle ne se rattache pas au régime foncier. La loi belge ne devait donc pas prévaloir en qualité de *lex rei sitæ*.

Devait-elle prévaloir en qualité de *lex loci actus* ? c'est ici qu'intervient la question précise de forme, qui fait l'objet propre de nos recherches actuelles. Nous dirons que la loi belge ne devait pas non plus être observée comme loi du lieu de l'acte : d'une façon générale, en effet, *la loi locale ne doit pas être suivie lorsqu'elle exige, en vue de la protection du mineur, des formes qui ne sont pas requises par la loi nationale*. Il n'y a pas de motif pour recourir à la loi locale, parce que les raisons d'utilité, dont se réclame la règle *locus regit actum*, n'existent pas ici : il faut s'en tenir à la loi nationale, parce que rien ne viendrait justifier une dérogation au principe. On peut rapprocher la solution qui a triomphé, au cours des travaux préparatoires de la Conférence, relativement aux mesures spéciales de protection prises, en matière immobilière, par la *lex rei sitæ*, et consistant, par exemple, dans la nomination d'un curateur spécial pour un immeuble situé en Hongrie et appartenant à un mineur étranger : on n'a pas accepté cette application de la *lex rei sitæ* [2]. On peut donc estimer que la formule directrice de la Convention de La Haye est la suivante : rien de plus que la protection accordée par la loi nationale. Dès lors, la solution est claire, pour le cas où la *lex loci actus* exige une forme dont on serait dispensé par la loi nationale : la loi locale ne s'applique pas.

Une seconde hypothèse doit être prévue : on peut supposer que *la loi nationale, au contraire, impose l'emploi d'une forme qui n'est pas requise par la loi locale*. Il faut évidemment observer alors la règle de forme édictée par la loi nationale. C'est ici, toutefois, que la loi locale pourra intervenir, en vertu du précepte d'utilité ou de nécessité pratique, que l'on formule au moyen de la maxime *locus regit actum :* l'emploi même de la forme résultera des prescriptions de la loi nationale, mais les détails de réglementation de cette forme seront déterminés par la loi locale [3]. Ainsi

(1) Article 61 de la loi du 16 décembre 1851.
(2) *Suprà*, p. 32, note 1.
(3) Rapp., par exemple, de Bar, *Theorie und Praxis*, t. I, p. 570 et s.

la consignation, si elle était imposée par la loi nationale, se ferait suivant les formes en usage dans les caisses locales chargées de recevoir les consignations ; ou bien, si la loi nationale exigeait une vente en justice, la juridiction locale, à laquelle incomberait le soin de présider à cette vente, observerait la réglementation établie par sa propre loi, par la loi locale, pour les ventes de ce genre, en ce qui concerne, par exemple, le procédé des feux allumés après chaque enchère.

Telles sont les principales difficultés, que peut soulever l'application de la Convention de La Haye. Nous nous sommes borné à envisager les plus importantes, parmi celles que la pratique ou les discussions avaient révélées [1] ; sans doute, ce traité, dont la portée est si considérable, fera-t-il apparaître encore maintes questions, qu'il est impossible d'apercevoir dès maintenant et auxquelles on ne saurait répondre *a priori*. La Convention de La Haye ne pouvait prévoir toutes les controverses, auxquelles peuvent donner naissance l'organisation et le fonctionnement d'une tutelle, ni régler tous les détails d'une matière aussi vaste. Mais cette Convention contient des principes, et des principes excellents : nous avons vu que ses dispositions, commentées et éclairées au moyen des données générales du droit international privé, constituent déjà un guide très sûr et très complet sur de nombreux points, et l'on peut espérer qu'on arriverait de même à prendre parti, sans trop de peine, dans les espèces nouvelles qui sont susceptibles de se présenter dans l'avenir.

[1] Pour compléter l'exposé de la jurisprudence, on peut citer encore une décision du Tribunal fédéral suisse en date du 10 juin 1909 (*J. de dr. int. pr.*, 1910, p. 1347) : la tutelle d'un mineur hollandais avait été organisée en Suisse, avant que la Convention entrât en vigueur, parce qu'on avait appliqué la loi suisse sur les rapports de droit civil, et, en conséquence, déclaré l'ouverture de la tutelle ; au contraire, la Convention de La Haye entrant en vigueur le 15 septembre 1905, ou devait appliquer, à cette date, la loi nationale du mineur : cette loi, la loi néerlandaise, décidant que la tutelle ne s'ouvre pas lorsque le mineur se trouve sous la puissance paternelle, ce qui était le cas en l'espèce, et la Convention décidant que « la tutelle s'ouvre et prend fin aux époques et pour les causes déterminées par la loi nationale du mineur », on devait mettre à néant la tutelle jadis organisée, tout en maintenant les actes passés par le tuteur pour la période antérieure : telle est l'opinion admise par le Tribunal fédéral, qui a jugé que ce n'était pas là donner un effet rétroactif à la Convention. Cette décision peut être indiquée parce qu'elle vise la Convention de La Haye, mais il n'y a pas lieu d'insister, puisqu'elle tranche une question générale de rétroactivité, qui ne présente pas de particularité en cette matière.

BAR-LE-DUC. — IMPRIMERIE CONTANT-LAGUERRE.

9 782019 275013